PROCÈS

POURSUIVI EN 1779

DEVANT L'AMIRAUTÉ DE GRANVILLE

POUR LA PROPRIÉTÉ DU DROIT DE GRAVAGE

SUR LA CÔTE DE DONVILLE

LOUVIERS

IMPRIMERIE EUG. IZAMBERT, RUE DU MATREY

Décembre 1911

PROCÈS

POURSUIVI DEVANT L'AMIRAUTÉ DE GRANVILLE
EN 1779
POUR LA PROPRIÉTÉ DU DROIT DE GRAVAGE
SUR LA CÔTE DE DONVILLE [1]

Le rocher sur lequel Granville a été bâti se trouve entre deux belles plages de sable, l'une au Nord, Donville, l'autre au Sud, Saint-Paër. Les désastres maritimes paraissent avoir été fréquents autrefois sur ces côtes, ce qui donnait au *Droit de Gravage* une grande importance.

Que fallait-il entendre jadis par droit de gravage, ou, pour parler le langage juridique, le *Droit de Varech*.

M° Henry Basnage, avocat au Parlement de Rouen, dans son Commentaire de la Coutume réformée des Païs et Duché de Normandie, écrit : [2]

« Ce que la Coutume appelle *Varech*, on l'appelle ailleurs
« *Droit de bris et naufrage*. Il est plus malaisé de découvrir
« l'origine de ce mot de *Varech* que d'expliquer la chose
« qu'il signifie ».

Jean Revel, dans *Les Hôtes de l'Estuaire*, dit que le droit de Varech est le droit de bris sur les navires jetés à la côte.

---

[1] Ces notes devaient être lues au Congrès de l'Association Normande, tenu à Granville au mois d'août 1910. Les pièces de ce procès se trouvent pour la majeure partie aux Archives départementales de la Manche, où toutes communications et copies ont pu être prises grâce à l'aimable obligeance de M. l'archiviste Dolbet, qui a droit à nos vifs remerciements.

[2] Edition de 1694, tome II. p. 67.

Varech, ajoute-t-il, venait du mot scandinave « Wagrek », signifiant naufrage [1].

Basnage, après quelques observations et après avoir dit qu'autrefois le mot se prononçait *Farrecht*, qui signifiait le droit de ramasser les marchandises rejetées par la mer, conclut que ce que l'on pouvait dire alors de plus certain c'est que *Varech* est un ancien *mot Normand*, et que le temps a fait perdre la connaissance de sa véritable signification.

La Curne de Saint-Palais, dans son « Dictionnaire historique de l'Ancien langage français » donne au mot *Gravage* la signification *Grève* et cite pour exemple ce texte ancien : « Comme feust venu et arrivé à Varech en la paroisse de « Marsalines au gravage deux tonneaux de vin ».

De Trévoux, dans son Dictionnaire nous donne les définitions suivantes :

Gayve. — Terme de la Coutume de Normandie où on appelle *choses gayves*, les épaves, les choses égarées, délaissées, abandonnées, qu'aucun ne réclame pour siennes. *Res derelictæ, quæ sunt nullius, quæ sunt primi occupantis*. On disait autrefois *gayver*, pour dire délaisser.

Varech (s. m.). — Terme de marine ; herbe... Tout ce que la mer jette sur les bords, soit de son cru, soit qu'il vienne de bris et naufrage, sans rapport à cette herbe, est appelé *Varech* sur les côtes de Normandie ; et dans cette province les droits que les Seigneurs des fiefs voisins de la mer prétendent sur les effets qu'elle pousse sur son rivage est appelé *Droit de varech*. L'ancienne Coutume de Normandie dit que tout ce que l'eau aura jeté ou bouté à terre est *Varech*. Et pour l'article 596 de la *Nouvelle Coutume*, sous le mot de *Varech*, sont comprises toutes choses que l'eau jette à terre par tourmente et fortune de mer, ou qui

---

[1] *Les Hôtes de l'Estuaire*, page 192, note.

arrivent si près de terre qu'un homme à cheval y puisse toucher avec sa lance. Si le propriétaire les réclame dans l'an et jour, elles lui sont restituées : après l'an et jour elles appartiennent au Seigneur féodal et au Roi. L'article 602 en adjuge la plus grande partie au Roi. On l'appelle en d'autres termes *Chose de flot, Droit de bris* ou de *Naufrage* (1).

Ces citations suffisent pour faire comprendre le point de droit sur lequel va porter le différend soulevé entre les Dames de l'Abbaye royale de la Blanche à Mortain, et le seigneur de Donville, parties plaidantes au procès de 1779 pour la propriété du *Gravage de la côte de Donville*.

Il reste toutefois à faire connaître le texte de la Coutume de Normandie, qui devait être appliquée entre les parties en cause.

L'article 596 de la Coutume, au titre de *Varech* était ainsi conçu :

« Sous ce mot de *Varech* et *Choses gaives*, sont comprises
« toutes choses que l'eau jette à terre par tourmente et
« fortune de mer, ou qui arrivent si près de terre qu'un
« homme à cheval y puisse toucher avec sa lance ».

L'article 597 ajoutait : « La garde du varech appartient
« au Seigneur du fief sur lequel il est trouvé, sans qu'il le
« puisse enlever ou diminuer aucunement jusqu'à ce qu'il
« ait été vu par la Justice du Roi (2) ».

Aussi Basnage dit-il dans son Commentaire que le droit

---

(1) « On sait que le droit de Varech ou Naufrage est constitué par les choses trouvées dans les navires échoués ». — Louis ROMIER, *Introduction aux Lettres et Chevauchées du Bureau des Finances de Caen sous Henri IV*.

(2) Cf. Mandement d'un Lieutenant de l'Amiral de France ordonnant aux officiers de l'Amirauté d'exécuter l'ordre qui leur a été donné de dresser inventaire des navires anglais échoués à Saint-Vaast-la-Hougue, et de veiller à leur conservation, jusqu'à ce que la propriété en soit dévolue à l'Amiral de France ou à l'abbesse de la Trinité de Caen (3 novembre 1412). — (Archives du Calvados. — *Mémoires de la Soc. de l'Histoire de Normandie*).

de Varech est un droit féodal, et que tout Seigneur féodal a droit de Varech à cause de son fief tant qu'il s'étend sur la rive de la mer (1).

Or les Dames de l'Abbaye royale de la Blanche. près Mortain, prétendaient avoir seules le Droit de *Varech et Gravage* sur l'étendue de la grève de la paroisse de Donville, bien qu'elles ne fussent pas *Seigneur* du lieu.

Il est vrai qu'elles possédaient une grande partie de Donville ; elles y étaient propriétaires notamment de sept pêcheries et places de pêcheries, et aussi des fiefs suivants :

Lestorey, Grenne, Val du Moutier, Estouppefour, Ainesse aux Donvillais (qui ne comprenait pas moins de 32 acres demi vergée de terre), Hubert Esliot, Beaumont, le Moulin, le Rocher (aux Raciquot), Lamberdière, Herberdière, Charterie, Moignerie. Hubercière, Bouchardière, Blaiserie, Langotière.

Dès le commencement du xviiie siècle, la propriété du droit de gravage avait été contesté aux Dames de l'Abbaye de la Blanche par les moines de l'Abbaye du Mont-Saint-Michel, qui prétendaient au droit sur la grève de Donville, en vertu de la donation qui leur avait été faite de la baronnie de Saint-Paër par Richard II, duc de Normandie. Mais l'abbé du Mont-Saint-Michel, qui avait intenté un procès aux Dames de la Blanche, le perdit aux termes des sentences rendues par le Bailly de Coutances les 10 septembre 1709 et 24 septembre 1709.

Les Dames de la Blanche avaient continué à jouir paisiblement du droit de gravage à Donville jusqu'en 1779, quand leurs prérogatives furent remises en question par suite des circonstances que nous allons étudier. Il est même curieux d'observer l'accord qui paraissait alors exister entre

---

(1) Tome I, p. 181, et art. 603 de la Coutume.

elles et l'abbé du Mont-Saint-Michel, ainsi qu'en fait foi le document suivant :

Procès-Verbal a toutes fins
Du 22 avril 1779, aux falaises de Donville

Nous soussignés Henry Langlois, Procureur receveur des Dames religieuses de l'Abbaye Blanche de Mortain, et Christophe François Garnier Lhermitage, Procureur receveur des Biens de la Mense abbatiale du Mont Saint Michel, déclarons que pour faire en sorte d'éviter les contestations et contredits qui pourraient peut-être naître à la suite au sujet du lieu de grève ou gravage où s'est précisément trouvé échoué le navire anglais nommé le *Ruby*, encore actuellement à la même place, il est à propos et il convient de le constater,

Pour cet effet nous avons requis M. Fissadame prêtre de et demeurant en la paroisse de Donville et le sieur Follain, procureur aux juridictions de Granville, d'être présents avec nous au dit examen, et, après avoir considéré tous les lieux voisins, nous avons remarqué tous ensemble et d'accord qu'étant au bord de la mer en supposant tirer une ligne droite à prendre directement entre l'église de Donville et le pied au ras du sable de la mielle de la pointe ou roche aux Corbières, que c'est le lieu précisément où se trouve l'échouage du dit navire le *Ruby*. En fin de quoi nous attestons le présent véritable, Ce que nous avons signé double après lecture faite ce dit jour et an que cy devant.

LANGLOIS   LHERMITAGE GARNIER

Ce procès-verbal de constat devait avoir pour but d'aller au devant de toutes revendications que pourrait élever sur le droit de gravage le Seigneur propriétaire du fief de Bréville, paroisse maritime limitrophe.

La seigneurie de Donville, comme celle de Coudeville, paroisse voisine, appartenait dans la seconde moitié du xviiie siècle à Dame Marie-Anne-Esther Gaultier, mariée à François-Claude Godard de Bussy ; l'un des fils, né de ce mariage, l'abbé Amand-Claude Godard, était pourvu de la cure de Coudeville.

Or, dans la nuit du 5 au 6 mai 1779 un petit bateau était venu s'échouer sur le rivage de Donville, et Mme de Bussy ainsi que son fils, le curé de Coudeville, avertis de ce naufrage, décidèrent de s'emparer de l'épave et de la haler à terre, et ce en vertu du droit attribué au Seigneur par l'article 597 de la Coutume de Normandie.

Prévenu de cette tentative, le Procureur receveur à Granville des Dames de l'Abbaye royale de la Blanche fait défense dès le lendemain, 7 mai, à la dame de Bussy d'enlever le bateau échoué, et lui délivre par le ministère de Jean-Henri Lainé, sergent royal à Granville, assignation à comparaître à trois jours francs à l'audience de MM. les officiers de l'*Amirauté de Granville* pour être condamnée à payer des dommages-intérêts.

On a dit et répété que la Procédure et la Justice étaient lentes du temps de nos aïeux. Nous pourrons remarquer dans le procès engagé par les Dames de la Blanche qu'au contraire la Procédure était menée très rapidement.

Deux jours après le premier exploit, requête est présentée à M. le lieutenant général de l'Amirauté dans les termes suivants :

9 mai 1779 *Requête aux fins d'être autorisé
à faire amarrer le bateau.*

A Monsieur
Monsieur le Lieutenant général de l'Amirauté
de Granville.

Supplient humblement les Dames Abbesse, Prieure et Religieuses de l'Abbaye royale de la Blanche près Mortain.

Et vous remontrent qu'étant échoué un bateau vulgairement appelé *chippe* (1), la nuit du cinq au six de ce mois sur la grève où s'étend le droit de gravage attribué aux fiefs qu'elles possèdent en Donville, leur Procureur receveur en ce lieu en a fait sa déclaration aussitôt à votre greffe et a notifié l'intention où il était de la faire radouber pour la conduire en ce port.

Il a plu au sieur et à la dame de Bussy par des préposés, de se saisir du même bateau, de le tirer avec des harnois de l'endroit où il avait été jeté par la mer et le conduire à une autre place. Le bateau a beaucoup souffert dans cette opération, et pour avoir des dommages et intérêts tant pour la mainmise que le dégât causé au même bateau, les suppliantes ont intenté procès aux dits sieurs et dame de Bussy.

Le Sequestre, où le litige met le bateau, a empêché les suppliantes de le faire conduire en ce port, et le déplacement l'expose à être enlevé par la mer.

Il est de l'intérêt du propriétaire si aucun se présentait, ou de celui des Seigneurs à qui il sera adjugé, de conserver

---

(1) On ignore aujourd'hui à Granville à quel genre de bâteau s'appliquait cette dénomination de *chippe*; il y a lieu de remarquer que cette dénomination concorde avec le mot générique anglais de bâteau.

Voir Le Duchat, sur Rabelais (T. iv, p. 100, note 13); au mot Chippe : « C'est proprement ce que nous appelons Esquif ».

ce bateau, mais comme on s'est plaint du dommage qu'il peut avoir éprouvé dans le hallage, les Suppliantes, dans la crainte qu'on n'envisageat comme *ressaisie* de l'objet litigieux, les précautions qu'elles pourraient prendre pour le conserver, ont l'honneur de vous donner la présente.

A ce qu'il vous plaise, Monsieur, du consentement de Monsieur le Procureur du Roy, sauf et sans préjudice du droit des Parties, des dommages et intérêts prétendus par les suppliantes, et sans qu'il puisse leur rien être imputé, les autoriser pour le compte de qui il appartiendra, à faire amarrer ledit bateau, et pour cet effet y faire porter les haussières et anchre nécessaires. Et vous ferez justice.

Présenté à Granville le neuf mai mil sept cent soixante-dix-neuf.

Les Suppliantes présentes par le sieur Henry Langlois leur procureur receveur assistés du Procureur et par l'avis de l'avocat soussignés.

Signatures : LANGLOIS, LE PELLETIER, FOLLAIN.

Soit communiqué au Procureur du Roy.
A Granville le neuf mai mil sept cent soixante-dix-neuf.

Signé : LE SAUVAGE.

Le Procureur du Roi qui a pris communication de la présente requête n'en empêche les fins.
A Granville le dit jour neuf mai 1779.

Signé : DE SAINT-PAËR PIGEON.

Vu les conclusions du Procureur du Roy nous avons provisoirement et sans préjudice du droit des parties autorisé les Suppliantes à faire amarrer le bateau dont il s'agit et pour cet effet faire porter les haussières, ancres ou autres ustensiles nécessaires. A Granville le dit jour huit may mil sept cent soixante-dix-neuf.

Signé : LE SAUVAGE.

Le 11 mai la sentence du Juge est notifiée à la dame de Bussy, en son manoir de Coudeville (1), et le 14 Mᵉ Porrée, procureur à Granville, chargé des intérêts de Madame de Bussy, fait signifier au Procureur des Dames de la Blanche qu'elles peuvent faire ce qu'elles voudront de la chippe échouée sur le gravage de Donvllle.

Le 18, réponse du Procureur des Dames de la Blanche déclarant que celles-ci ne peuvent accepter l'offre faite de se saisir du bateau tant que le sieur de Bussy n'y aura pas consenti. La plus élémentaire prudence conseillait en effet l'abstention, car le seigneur de Donville était réellement M. de Bussy.

Le 2 juin Mᵉ Follain, procureur des Dames religieuses de la Blanche, requiert défaut contre ce dernier qui n'a pas constitué Procureur, et ce défaut est dénoncé le même jour à Mᵉ Porrée, procureur de la dame de Bussy, avec sommation de faire plaider l'affaire à la plus prochaine audience de l'Amirauté.

Dix jours après une sentence de l'Amirauté autorise « les dites Dames de la Blanche de Mortain à se saisir et prendre en leur garde le bateau en question, après toutefois que procès-verbal de sa situation et de son état actuel aura été dressé par experts convenus et nommés d'office, le tout sauf

---

(1) L'exploit délivré par Lainé, sergent royal à Granville, se terminait ainsi : « Déclarant qu'en conséquence du prononcé au pied d'icelle requête susdatée, les dites dames de la Blanche ont fait amarrer le bateau aujourd'hui et y ont établi certain particulier pour en faire garde, le tout aux périls et risques de qui il appartiendra toutes diligences, poursuites, dommages-intérêts des dites dames requérantes, tenantes ».

et sans préjudice du droit des parties au principal et des dommages et intérêts prétendus par les dites dames de Mortain, sur tout quoi les parties instruiront » etc., etc.

Remarquons que cette sentence et celles qui interviendront par la suite ne seront jamais rendues par le lieutenant-général, Jean-Nicolas Le Sauvage, sieur de Vautevrier, qui se fera sans cesse remplacer, et que le procureur du Roi, Jean-François Pigeon, sieur de Saint-Paër, sera presque toujours suppléé. Il est probable que des liens d'amitié ou leurs relations avec les parties en cause les empêchaient de siéger [1].

Le 14 juin signification est faite de la sentence de l'Amirauté, et le même jour, supplique est présentée pour faire déterminer le dommage causé au bateau échoué par suite du halage opéré sur les ordres de Madame de Bussy.

Le lendemain, 15, exploit est délivré d'abord au Procureur de cette dame de se tenir prêt à plaider, puis à partie. A la suite de ce dernier exploit délivré au manoir de Coudeville, Madame de Bussy répond :

« Qu'elle n'aurait ci-devant réclamé les droits de gravage

---

[1] L'Amirauté de Granville en 1779 était composée de : Jean-Nicolas Le Sauvage, sieur de Vautevrier, conseiller du Roi, lieutenant général civil et criminel, commissaire enquêteur, examinateur et garde-scel ; — Jean-François Pigeon, sieur de Saint-Paër, conseiller, procureur du Roi ; — Me Charles-Anne-Marie Beust-Dubourg, avocat, greffier du siège.

Les audiences dans ce procès de Gravage furent tenues par : Louis-Boniface Le Coupé, sieur Desvilles, suppléant Le Sauvage, avocat au Parlement, conseiller du Roi, substitut de son procureur, doyen des avocats ; — de Péronne, écuyer, avocat ; — Pierre Mequin, ancien avocat. Le greffier fut lui-même suppléé à l'une des audiences par Pierre-François-Alexandre Jugan, huissier, visiteur au siège.

Enfin les procureurs des parties furent Henry Langlois et Follain pour les dames de la Blanche, dont l'avocat était Me Le Pelletier ; — Me Porrée, procureur de Mme de Bussy. Lemaître, huissier, et Jean-Henri Lainé, sergent royal, furent chargés des significations à partie.

sur la partie de la mer dans l'extension de la paroisse de Donville qu'en la qualité de Seigneur et patronne dudit lieu, privilège qui exclut ou doit exclure à *tout autre*, à moins *qu'ils ne justifient ou fassent* apparoir des titres contraires ; — que cependant ayant plu aux dames de l'Abbaye de la Blanche de réclamer les échouages qui sont parvenus sur la paroisse de Donville elles s'étaient fait adjuger par ordonnance du Juge de l'Amirauté de Granville, laquelle ordonnance lui aurait été signifiée par notre ministère aujourd'hui, — à laquelle signification elle aurait répondu qu'elle consentait que sans abrogation de droit, les choses sauvées fussent adjugées aux dites Dames, sur lequel consentement est intervenu une ordonnance dudit sieur juge de l'Amirauté qui avait ordonné la [pleine mainlevée des choses échouées sur ledit gravage, et comme la dite dame n'a fait que réclamer pour et au lieu du Seigneur de Bussy, son mari, elle demande le temps au moins du mois d'octobre pour conférer avec ledit Seigneur son mari sur les points dont est question ; — elle déclare qu'elle n'entend point partir compétent pour passer telle ou telle déclaration afin d'en avertir le Seigneur son mari pour y défendre et accepter ainsi qu'il avisera bien être, — protestant que faute par les dites Dames d'avoir accepté au contredit les choses qui leur sont demandées, elle proteste de nullité. Ce que la dite dame a signé et a refusé de payer les frais (signé) GAULTIER DE BUSSY ».

Le 16 juin, nouvelle sentence de l'Amirauté nommant des experts pour vérifier les dégâts causés au bateau.

L'expert des Dames de l'Abbaye de la Blanche est Jacques Epron, constructeur de navires, à Granville ; celui désigné d'office pour la Dame de Bussy est Jacques Adam, aussi constructeur de navires à Granville.

Le 17, les experts sont assignés pour prêter serment au siège de l'Amirauté pour le samedi 19 à neuf heures, et la sentence de la veille est signifiée à M. et Mme Godard de Bussy.

Le 19, exploit est délivré aux mêmes pour les intimer à assister à la prestation de serment des experts et plaider si besoin est.

Le même jour l'expert Adam prête serment ; l'expert Epron est absent, et le 25 juin sommation lui est délivrée de prêter serment le lendemain, et est remise à M. et Mme de Bussy aux fins d'assister à cette prestation de serment.

Le 26, Epron prête serment, et le même jour copie de la sentence du 16 juin est délivrée aux deux experts, et le 30 sommation est faite à M. et Mme Godard de Bussy d'avoir à se trouver le lendemain sur le gravage de Donville pour être présents à l'expertise du bateau.

Le 1er juillet, les experts procèdent à leur travail. L'accident est survenu depuis cinquante-six jours. Les Procureurs ont trouvé le moyen de délivrer vingt-quatre actes de procédure et d'obtenir trois sentences de l'Amirauté. Pour le bateau, resté au plein de la mer, il a dû fort souffrir ; du reste le procès-verbal des experts donne sur son état des indications précises. En voici les parties principales.

« Le bateau a vingt-trois pieds de quille, huit pieds trois pouces de bau, deux pieds huit pouces de creux, de dessus vraigues à l'extrémité des allonges, avec fargue de bout en bout de huit pouces de hauteur en sus du creux, vingt-quatre pieds de longueur de tête en tête, bordé et vragué en bordaille de chêne et d'orme d'un pouce d'épaisseur, les membres en orme et chêne, lequel bateau nous avons trouvé dans l'état et situation suivants :

« Les plafonds des deux tilles de devant et d'arrière

enlevés, environ un tiers de son vraigue décousu et enlevé, tous les parquets décousus et enlevés ; les deux falques du milieu d'environ dix pieds de longueur chaque avec deux autres bouts en avant, de trois pieds chaque, sortis des liens et rompus ; le bateau ouvert de deux pouces en son milieu ; la surtille de l'avant manquant avec partie de celle à l'arrière emportée, un bord délargué et décousu en tribord et un autre en babord...... la ferrure du gouvernail au pied de l'étambot arrachée, celle du haut dudit étambot rompue, presque tous les genvrins dérangés et décousus......».

Le 3 juillet les Experts affirment leur rapport qui est déposé le même jour, et le 14 signifié à M. et Mme de Bussy et à Me Porrée, procureur.

A la suite de la signification qui lui en était faite par le sergent royal Lainé, Madame de Bussy répondit :

« Qu'on a affecté de lui refuser dans les significations qu'on lui fait qu'elle devait croire qu'au moyen de sa réponse et de ses déclarations à la date du 15 juin dernier, que les Dames abbesse et religieuses de l'Abbaye de la Blanche cesseraient leurs poursuites contre elle et de la fatiguer par leurs significations à la date des susdits jours, 15, 19 et 30 juin dernier, qu'elle en proteste de nullité et de tout ce qui est à protester et persévère à sa réponse et obéissance ci-devant dattées, au surplus et qu'en exécution de sa susdite réponse elle déclare qu'elle va faire passer par la voie de la poste toutes les susdites significations au dit Seigneur son mari, que son silence est une preuve apparente qu'il se croit fondé à ne point répondre, et que sans doute il se réserve le droit de faire valoir ses droits de Seigneur et patron de Donville et autres lors et quand il le jugera bon et nécessaire, n'étant pas naturel qu'il acquiesse des droits qui lui sont acquis en sa dite qualité, et qui ne peuvent ni ne doivent lui être contestés. — Ce que la dite a dicté et l'a signé », refusant de payer les frais.

Le lendemain exploit est délivré à Me Porrée pour faire tenir l'avocat de Madame de Bussy prêt à plaider.

Le 24 juillet, intervient une nouvelle sentence de l'Amirauté rendue par défaut contre M. et Mme de Bussy, appointant les Dames de l'Abbaye de la Blanche à justifier et prouver par témoins que « lors de l'échouement du bateau « en question il n'y avait d'autres dommages au corps « d'iceluy qu'une planche tirée du fonds et le gouvernail » et que le fâcheux état où les experts l'avaient trouvé était la conséquence de la mainmise par Madame de Bussy lors de sa tentative de halage.

La grosse de cette sentence, délivrée le 28, est signifiée le lendemain à M. et Mme de Bussy, et le 30 juillet, citations sont délivrées aux témoins appelés par les Religieuses de la Blanche pour se trouver le lendemain au siège de l'Amirauté de Granville, en même temps que notification de la Procédure est faite à M. et Mme de Bussy avec indication que les poursuivantes demandent à être autorisées *à vendre le bateau en litige*.

Les témoins cités à la requête des Dames de la Blanche, au nombre de six, étaient : Jacques Duvard, curé de Donville, Gilles Fissadame, prêtre, demeurant à Donville, Jean-Hervé Lainé, sergent royal à Granville, Pierre Lambert, laboureur, Georges Gantier, laboureur et Pierre Blin, maître de bateau, ces trois derniers demeurant à Donville.

Le 31 juillet exploit délivré à Me Porrée, procureur du Madame de Bussy, lui notifie ceux délivrés aux experts, qui déposent le même jour devant Me Louis-Boniface Le Coupé, sieur Desvilles, occupant le siège du Juge de l'Amirauté.

Deux des dépositions sont particulièrement édifiantes, ce sont celles de l'abbé Fissadame et du patron de bateau Blin.

Déposition de Discrète personne Fissadame

A dit s'appeler Gilles Fissadame, prêtre, de la paroisse de Donville, y demeurant, qu'il est âgé de soixante-quatre ans environ, qu'il n'est parent, ni allié, serviteur ni domestique des parties.

Dépose qu'il a connaissance qu'après l'échouement du bateau en question sans souvenir du temps, il eût la curiosité d'aller le voir, où il fut effectivement, n'étant pas éloigné de chez lui et échoué sur la grève de Donville, il remarqua qu'il y avait une des bordailles rompues d'un côté et un petit bout de l'autre côté, et qu'un geneuil du même bateau était endommagé, sans qu'il y vit de gouvernail ; alors il y avait plusieurs personnes avec environ vingt bêtes comme bœufs et chevaux qui étaient attelés sur le même bateau pour le renverser sur des traines et l'enlever, Et qu'ayant vu venir Lainé, sergent, il prit le parti de s'en retourner chez lui ; Que le lendemain de ce jour il fut encore par curiosité voir le même bateau, duquel il n'approcha qu'à une certaine distance ayant appris que le sieur curé de Coudeville, fils de la dame de Bussy y était, et effectivement il aperçut un grand nombre d'hommes et environ trente bêtes comme bœufs et chevaux attelés sur le même bateau pour le traîner vers la terre, à quoi n'ayant pas réussi ils retournèrent le harnais vers la mer qui traîna le dit bateau plus bas dans la grève, vers la mer ; ce fait le déposant aperçut que le sieur curé de Coudeville montait à cheval pour s'en retourner avec les hommes et harnais et abandonnèrent le bateau que le déposant a revu depuis bien plus endommagé qu'il n'était la première fois qu'il l'avait vu. — Et c'est tout ce qu'il a voulu dire.

Le nommé Blin — A dit qu'il s'appelle Pierre Blin, qu'il est âgé de quarante-neuf ans ou environ, qu'il est maître de bateau de sa profession, qu'il demeure en la paroisse de Donville et qu'il n'est parent, etc. Dépose qu'un jour dont il ne peut se ressouvenir, ayant appris qu'il y avait un bateau échoué sur les grèves de la paroisse de Donville, il y fut par curiosité pour le voir ; alors il y trouva plusieurs hommes et des harnais attelés au nombre de vingt bêtes ou environ tant bœufs que chevaux, qui avaient passé des chaînes de fer par dans le fond du dit bateau où il manquait à peu près six à sept pieds de bordaille en tribord et en babord environ un pied et demi de long sur cinq à six pouces de large, pour tacher de sursoulever le même bateau qui ne lui parut point avoir de gouvernail. Le déposant se retira sans savoir ce qui se passa dans la suite, — ajoute que quelqu'un des hommes qui conduisaient le harnais dit qu'ils travaillaient de la part de Madame de Bussy. — Et c'est tout ce qu'il a voulu dire.

Le 5 août signification est faite à M. et Mme de Bussy de copie de l'enquête avec sommation d'apporter reproches et blâmes, dans les délais de l'ordonnance, sur les témoins, et, à la suite, le même jour signification à Me Porrée, procureur.

Le 9 signification est faite à Madame de Bussy de la grosse de l'enquête.

A chaque exploit Madame de Bussy répond — « qu'elle persiste aux déclarations qu'elle a ci-devant faites » — signe sa protestation et refuse de payer les frais.

Le 12 août les Dames abbesse, prieure et religieuses de l'Abbaye royale de la Blanche, présentent à M. le Lieutenant-général de l'Amirauté, à Granville, une longue supplique résumant tous les faits du procès, et se terminant ainsi :

« En cet état les suppliantes ont été conseillées de vous donner leur requête.

« A ce qu'il vous plaise, Monsieur, du consentement de Monsieur le Procureur du Roy, leur donner acte de l'énoncé en la présente, ensemble de ce qu'elles fixent les dommages et intérêts par elles demandées, tant pour entreprise et mainmise au préjudice de leurs droits que pour diminution de valeur occasionnée par icelle au même bateau, à une somme de cent livres, Et pour en obtenir avec dépens et à exécuter suivant l'ordonnance, ordonner que la présente sera signifiée tant au Procureur de la dame de Bussy qu'au sieur son mary en leur manoir seigneurial de Coudeville faute par lui d'avoir présenté sur la première assignation ».

Cette requête répondue fut signifiée le jour même aux sieur et dame de Bussy, et le 14 à M⁰ Porrée, procureur.

Soixante-dix jours se sont écoulés depuis que le bateau est venu à la côte ; le procès est en état, grâce à l'activité déployée par les Procureurs dont il est surtout l'affaire.

Le moment des vacances est arrivé, et il n'est plus fait d'actes de procédure jusqu'au 26 octobre, jour où nouvel exploit est délivré à la requête des Dames abbesse, prieure et religieuses de la Blanche au Seigneur Godard de Bussy et à la dame Gaultier, son épouse, pour assignation à l'audience de l'Amirauté de Granville du 13 novembre 1779.

Le 2 novembre sommation fut délivrée à M⁰ Porrée de faire tenir prêt pour plaider l'avocat de sa cliente.

Le 13 l'affaire fut appelée et le tribunal de l'Amirauté rendit sa sentence dans les termes suivants :

« Nous avons, suivant les conclusions du Procureur du

Roy, prononcé *défaut* faute de plaider sur la dame de Bussy et Mᵉ Porrée, son procureur.

« Et pour le profit faisant droit sur les fins de l'exploit introductif d'instance et la requête incidente du douze août dernier que nous avons joint, vu ce qui résulte du procès-verbal d'experts et de l'enquête entreprise par les dites Dames de Mortain, que nous avons déclarée bien et dûment faite,

« Nous avons maintenu et gardé les Dames abbesse, prieure et religieuses de l'Abbaye royale de la Blanche près Mortain dans la propriété et possession du *droit de gravage* en la paroisse de Donville, fait défense à la dite dame de Bussy de les y troubler, et, pour l'avoir fait ainsi que pour le dommage occasionné par la mainmise à la chippe échouée sur le dit gravage,

« Nous avons condamné la dite dame en *cent livres* d'intérêts avec dépens, liquidés à la somme de *deux cent quatre-vingt-huit livres cinq sous*, compris coût, délivrance et signification de la présente à Procureur, en outre la signification à domicile,

« Et pour le bénéfice du défaut faute de se présenter, cy-devant levé contre le dit sieur Godard de Bussy, nous avons déclaré la présente sentence commune avec lui et la dame son épouse, en principal et dépens, ce qui sera exécuté aux termes de l'ordonnance, sans l'opposition réservée en ce siège ».

Sur la minute, signé LE COUPÉ.

La grosse de cette sentence ne fut délivrée que le 24 janvier 1780. Elle fut signifiée le 28 à Mᵉ Porrée, procureur, et à M. et Mᵐᵉ de Bussy. L'exploit délivré à celle-ci portait sommation de payer aux mains de Lainé, sergent royal, les cent livres d'intérêts alloués.

A la suite de la signification et de la demande en paiement, Madame de Bussy répond :

« Qu'aux périls et risques du Seigneur de Bussy, son mari, elle est et se porte appelante de la sentence ci-dessus, et de celle précédemment rendue, protestant de tout ce qui est fait, et a été, comme illégal et irrégulier, — Lequel appel elle soutient suspensif de toute poursuite antérieure et s'oppose, à ce moyen, à toute saisie qu'on voudrait faire, — Laquelle a signé après lecture et a refusé de payer les frais de réponse, déclarant comme elle l'a déjà fait que le domicile de Monsieur de Bussy n'est point à Coudeville mais en son château de Bellefontaine, paroisse Saint-Extupin, près Bayeux. — Lecture faite de rechef elle a signé : GAULTIER DE BUSSY ».

Le 12 février suivant, 1780, sommation fut donnée à la requête des Dames de l'Abbaye de la Blanche à M. et Mme de Bussy de comparaître en Parlement de Rouen.

Le 15 février nouvelle sommation fut délivrée.

Le 5 avril fut requise une première constatation de non constitution de Procureur, et le 25 avril une seconde en ce qui concernait M. Godard de Bussy.

Madame de Bussy avait toutefois dans l'intervalle constitué pour Procureur Me Pimont ; celui des Dames de l'Abbaye royale de la Blanche était Me Lanon l'aîné. Il est à remarquer que les actes de Procédure devant le Parlement se font à des dates plus espacées que devant l'Amirauté de Granville ; ces actes délivrés de Procureur à Procureur portent en effet les dates des 17 mai, 3 juin, 21 juin, 23 août, 29 et 30 août, puis 16 Janvier 1781.

A cette dernière date assignation était donnée pour *prochaine audience de Grand Chambre*. Elle fut renouvelée d'abord le 2 mai puis le 13 novembre.

Trois jours après, le 16 novembre, le Parlement rendait un premier arrêt portant :

Louis, par la grâce de Dieu,

Notre dite Cour, ouï notre Procureur Général, a donné défaut et pour le profit a mis et met l'appellation à néant, ordonne que ce dont est appel sortira effet,

Condamne l'appelante en douze livres d'amende envers nous et aux dépens,

A déclaré le détaut levé au greffe contre ledit de Bussy bien pris et obtenu, Et, pour le profit, le présent arrêt commun avec lui.

Enfin le 22 février 1782 le Parlement rendait un second arrêt ainsi conçu :

Entre... Madame de Bussy demanderesse en requête d'opposition contre l'arrêt de notre Cour du 16 novembre dernier confirmatif de la dite sentence — de l'Amirauté de Granville, comparante par Me Vimont, son procureur, d'une part ;

Les Dames Abbesse, prieure et religieuses de l'abbaye royale de la Blanche près Mortain appelées et anticipantes, demanderesses en exécution dudit arrêt et demanderesses de l'opposition formée contre ycelui, comparantes par Me Lanon l'aîné, leur procureur, d'une deuxième part ;

Et le sieur de Bussy ajourné et défaillant sans préjudice des qualités — *Nihil* de Lanon, l'aîné, procureur des Dames de l'Abbaye de la Blanche,

Lequel a conclu à ce qu'il plaise à notre cour recevoir la dite dame de Bussy opposante pour la forme à l'exécution de l'arrêt de notre Cour du 16 novembre dernier sans avoir égard à son opposition dont elle sera déboutée, ordonner, que ledit arrêt sera exécuté selon sa forme et teneur,.

Et de Grécourt, avocat général, pour notre Procureur général,

Notre dite cour, ouï notre Procureur général a donné défaut et pour le profit a reçu et reçoit la partie de Vimont opposante à l'arrêt du seize novembre dernier, sans avoir égard à son opposition, Ordonne que ledit arrêt sera exécuté selon sa forme et teneur avec dépens.

A déclaré le présent arrêt commun avec ledit de Bussy.

Cet arrêt mettait fin au procès ; il donnait gain de cause aux Dames abbesse, prieure et religieuses de l'Abbaye royale de la Blanche près Mortain ; les sieur et dame Godard de Bussy, seigneurs de Coudeville et de Donville, étaient bien et définitivement condamnés.

Restait à poursuivre contre eux l'exécution de la sentence de l'Amirauté de Granville. Dès le 12 mars 1782, Chesnel, huissier à Mortain, signifiait les deux arrêts du Parlement à la dame de Bussy en son manoir de Coudeville, distant de seize lieues de la demeure de l'huissier, et le surlendemain, 14 mars, le même signifiait les Arrêts au sieur Godard de Bussy, à Bayeux, distant de la demeure de l'huissier de dix-huit lieues, ce qui faisait un parcours de soixante-huit lieues pour l'huissier, distance énorme pour l'époque.

Le règlement de la condamnation obtenue ne se faisant pas, le 4 octobre 1782 le sergent royal Lainé signifie à la dame Gaultier tant pour elle que pour le sieur Godard de Bussy, son mari, demeurant à Coudeville, en son manoir seigneurial, l'exécutoire de dépens s'élevant à 343 livres 5 sols.

Les mois se passent sans que les sieur et dame de Bussy s'exécutent. Le Procureur receveur des Dames de la Blanche va employer les mesures de rigueur ; le 13 janvier 1783 mise en demeure est faite au sieur de Bussy de payer 731 livres 10 sous montant en principal et frais de la condamnation obtenue.

Le 15 février signification lui est délivrée de la sentence de l'Amirauté de Granville du 13 novembre 1779 et des arrêts de la Cour de Parlement de Rouen du 22 février et 10 avril 1782, et il est procédé au château de Bellefontaine à la saisie du mobilier s'y trouvant.

Enfin le 27 février 1783, une année après le premier arrêt du Parlement, à la requête de Madame Jeanne-Marie de Lesquen, abbesse de l'Abbaye royale de la Blanche, sommation était faite au sieur de Bussy de représenter les meubles saisis sur lui afin d'en opérer la vente, et, tout en protestant contre la saisie, ainsi que contre toute la procédure, le seigneur paie les 731^l 10^s comme contraint et forcé et pour éviter « *la honte de la vente publique de ses meubles* ».

La chippe échouée le 5 mai 1779 sur le gravage de Donville n'avait sans doute pas valu beaucoup plus lors de son lancement des chantiers de construction que ces 731^l et les frais personnels aux sieur et dame de Bussy devant les diverses juridictions, mais à cette époque les plaideurs ne voulaient pas céder et reconnaître leurs torts dans un arrangement quel qu'il fut ; aussi la Normandie passait-elle pour être par excellence le pays de la chicane. Nous n'en sommes plus là heureusement et nous savons que l'esprit actuel des habitants de notre belle Province est plus pratique et plus juste.

Ed. ANGÉRARD.

LOUVIERS, IMP. EUG. IZAMBERT

www.ingramcontent.com/pod-product-compliance
Lightning Source LLC
Chambersburg PA
CBHW061519040426
42450CB00008B/1694